BIBLIOTHEQUE MORALE

DE

LA JEUNESSE

PUBLIÉE

AVEC APPROBATION

—

SÉRIE IN-18.

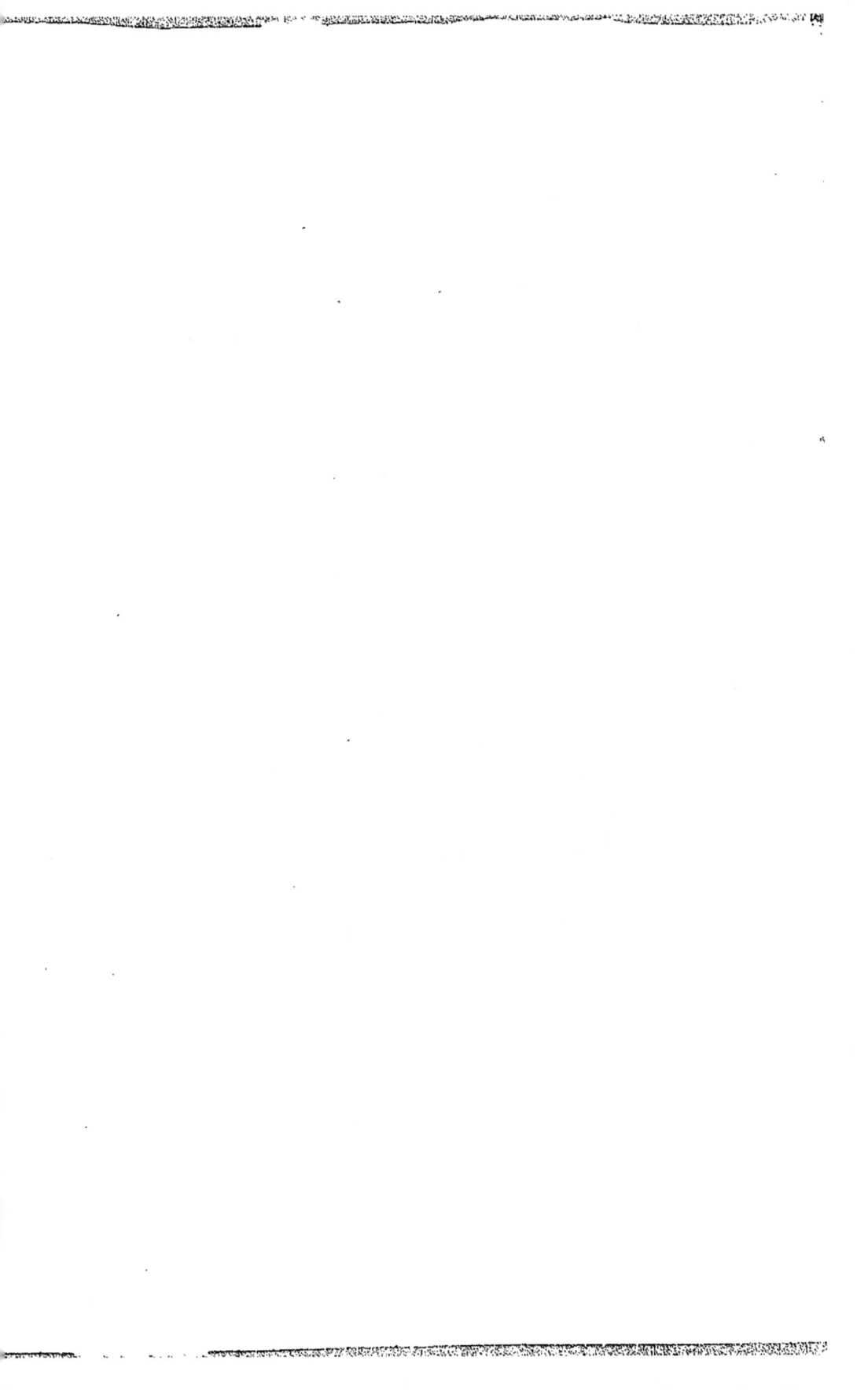

MON

A B C D

D'ENFANCE

AVEC

LETTRES ILLUSTRÉES

ROUEN

MÉGARD ET Cie, LIBRAIRES-ÉDITEURS

1873

(342)

APPROBATION.

———

Les Ouvrages composant **la Bibliothèque morale de la Jeunesse** ont été revus et **ADMIS** par un Comité d'Ecclésiastiques nommé par MONSEIGNEUR LE CARDINAL-ARCHEVÊQUE DE ROUEN.

Avis aux Éditeurs.

—

Les Éditeurs de la **Bibliothèque** morale de la **Jeunesse** ont pris tout à fait au sérieux le titre qu'ils ont choisi pour le donner à cette collection de bons livres. Ils regardent comme une obligation rigoureuse de ne rien négliger pour le justifier dans toute sa signification et toute son étendue.

Aucun livre ne sortira de leurs presses, pour entrer dans cette collection, qu'il n'ait été au préalable lu et examiné attentivement, non-seulement par les Éditeurs, mais encore par les personnes les plus compétentes et les plus éclairées. Pour cet examen, ils auront recours particulièrement à des Ecclésiastiques. C'est à eux, avant tout, qu'est confié le salut de l'Enfance, et, plus que qui que ce soit, ils sont capables de découvrir ce qui, le moins du monde, pourrait offrir quelque danger dans les publications destinées spécialement à la Jeunesse chrétienne.

Aussi tous les Ouvrages composant la **Bibliothèque morale de la Jeunesse** sont-ils revus et approuvés par un Comité d'Ecclésiastiques nommé à cet effet par SON ÉMINENCE MONSEIGNEUR LE CARDINAL-ARCHEVÊQUE DE ROUEN. C'est assez dire que les écoles et les familles chrétiennes trouveront dans notre collection toutes les garanties désirables, et que nous ferons tout pour justifier et accroître la confiance dont elle est déjà l'objet.

LETTRES CAPITALES

A B C D E

F G H I J

K L M N O

P Q R S T

U V X Y Z

Æ OE W.

LETTRES ORDINAIRES

a b c d e f

g h i j k l

m n o p q r

s t u v x y z

æ œ ff fi ffi

fl ffl w.

SYLLABES

Ba be bi bo bu
Ca ce ci co cu
Da de di do du
Fa fe fi fo fu
Ga ge gi go gu
La le li lo lu
Ma me mi mo mu
Na ne ni no nu
Pa pe pi po pu

Qua que qui quo quu

Ra re ri ro ru

Sa se si so su

Ta te ti to tu

Va ve vi vo vu

Xa xe xi xo xu

Za ze zi zo zu

CHIFFRES

1, 2, 3, 4, 5, 6, 7, 8, 9, 0

MOTS A ÉPELER

an, on, un, ou,
et, au, s'y, est,
lui, pas, loi, jeu,
air, mur, nous,
mais, vous, fils,
pas, point, tour,
dans, jour, dix,
corps, cou, ton,
dent, pied, le,

pont, tour, la,
long, haut, les,
banc, bois, du,
cent, deux, ci,
â-me, pè-re, an-ge,
pa-ge, tê-te, heu-re,
en-fer, beau-coup,
clas-se, li-vre, ta-
ble.

A A a

ARTILLEUR

—Regarde, maman, quel beau soldat! Comme il est grand, et quel beau plumet il a!

—C'est un Artilleur, mon enfant ; il est chargé, dans l'armée, de faire manœuvrer les canons qui tuent l'ennemi de très-loin.

B B b

BATAILLE

— Regardez bien, mes enfants, la première lettre de Bataille; devant elle il y a un général, accompagné

de son officier d'ordon-
nance, chargé de porter
ses ordres aux soldats; il a
un chapeau tout doré et de
belles épaulettes qui brillent
au soleil.

C C c

CUIRASSIER

Voici un beau cavalier;
c'est un Cuirassier français,
un héros de Reichshoffen ; il

2

a lancé son cheval au galop, et, le sabre au poing, il va fondre sur un soldat en- nemi qu'il va transpercer.

D D d

DRAGON

Et ce beau Dragon! quelle

tournure martiale!

Il est en faction à la porte

de son colonel, qui va lui remettre un ordre à porter à la caserne où loge son régiment.

Æ E e

ENSEIGNE

Voyez ce jeune officier
de marine, il porte une belle
épaulette d'Enseigne de

vaisseau, et tient à la main un porte-voix qui lui permettra de donner ses ordres aux matelots au milieu de la tempête; car, sans cet instrument, sa voix se perdrait au milieu du vent qui siffle dans les cordages.

F F f

FANTASSIN

Ce jeune militaire est un
Fantassin aux avant-postes;
il aperçoit quelque danger

et croise la baïonnette, prêt
à se défendre et à donner
l'alarme en tirant un coup
de fusil sur l'ennemi qui
cherche à le surprendre. Il
a le sac sur le dos, prêt à se
replier sur le poste dont il
fait partie.

G G g

GARDE MUNICIPAL

Le Garde Municipal sert
à garder la ville qui l'a en-
rôlé; il monte la garde

comme un autre soldat et maintient l'ordre partout; les honnêtes gens l'estiment, car il est souvent leur sauvegarde; mais aussi les mauvais sujets le craignent et n'aiment pas à se trouver avec lui, dans la crainte qu'il ne les mette en prison.

H H h

HUSSARD

— Maman, je veux être Hussard.

— Pourquoi, mon enfant ?

— Mère, c'est parce que c'est le soldat qui me semble avoir le plus bel uniforme, quand il est en grande tenue, monté sur son cheval.

— Eh bien! mon enfant, j'y consens; mais, pour y arriver, il faut être sage et bien travailler; car, si tu veux devenir officier, il faut devenir savant, c'est indispensable.

l L i

INVALIDE

Voilà un pauvre Invalide
qui a une jambe de bois;
c'est un ancien soldat du
grand Napoléon. La croix-

d'honneur brille sur sa poi-
trine. Il a fait une longue
promenade et se repose
avant de regagner l'hôtel
des Invalides, dont vous
voyez au loin le dôme reluire
au soleil.

J   J   j

JEU

Ces militaires se reposent
de leurs fatigues. Ils sont
assis sous l'ombrage de

grands arbres, et jouent à un Jeu de cartes qui les distrait beaucoup ; car, à chaque partie perdue, le joueur malheureux est obligé de se mettre une épingle de bois sur le nez.

K K k

KIOSQUE

— Quel joli pavillon,
maman, derrière ce K !
— C'est un Kiosque, ou

3

pavillon chinois, mon enfant. On en voit souvent dans les parcs et les grands jardins; ils servent de salon de travail, et les mamans s'y mettent à l'abri du soleil, pendant que les enfants jouent.

L L l

LANCIER

Quel beau cavalier ! C'est
un lancier. Il porte un petit
Drapeau au bout de sa lance;

ce qui la rend bien plus belle que les lances que j'ai vues dans notre visite au cabinet d'antiquités, où mon oncle Paul m'a conduit l'autre jour avec mes cousins.

M M m

MUSIQUE

— Voyez, petite mère, quelle belle collection d'instruments de Musique :

grosse caisse, cymbale, tambour, chapeau chinois, trompette, rien n'y manque; on y a même joint un fusil avec sa baïonnette et un beau drapeau tricolore.

N N n

NARINE

- Ce Cavalier, sur le point
de monter à cheval, prend

ses précautions; car sa monture met ses Narines au vent, comme si elle voulait s'élancer au galop.

O O o

OFFICIERS

— Voici, mes enfants, un beau groupe d'Officiers, un lancier, un officier d'infanterie et un officier de hussards. Ils attendent le signal pour aller rejoindre leurs soldats, qu'ils vont conduire à la revue que le général doit passer.

P P p

POMPIER

Quel joli Pompier! il est
en faction, le sac sur le dos,
et il a son casque brillant

comme de l'or. Il est tout
prêt à prévenir ses cama-
rades si on vient lui dire
qu'un incendie vient de se
déclarer.

Q Q q

QUERELLE

Voilà deux hommes qui se sont disputés, et ils ont mis l'épée à la main pour vider leur Querelle. C'est pourtant un grand péché que de se battre en duel, car les commandements de Dieu défendent d'ôter la vie à son prochain.

R R r

REMPART

Voici le Rempart d'une forteresse; il est tout entouré d'eau; les canons sont mis en batterie, et un factionnaire monte la garde pour empêcher que personne ne vienne y toucher; ce qui serait dangereux, s'ils étaient chargés.

S S s

SAPEUR

— Ah ! maman, regardez quel joli militaire. C'est un Sapeur, il a un tablier blanc

4

avec un bonnet à poil tout noir. C'est lui qui marche en tête du régiment, tout prêt à abattre les obstacles qui pourraient arrêter sa marche.

T T t

TAMBOUR-MAJOR

Et le Tambour - Major, mère, vois-tu comme il est grand? Il a une grande canne

qui met en mouvement
tous les tambours, et son
bonnet à poil est surmonté
de beaux panaches trico-
lores.

U U u

UNION

Un vieux proverbe dit :
L'Union fait la force. Ces
deux militaires qui se don-

nent la main en signe d'a-
mitié donnent raison à ce
dicton, en montrant que
l'infanterie et la cavalerie
sont disposées à se soutenir.

V V v

VIVANDIÈRE

La Vivandière du régi-
ment marche à la suite des
soldats, et avec son petit

baril elle réconforte le pauvre soldat épuisé de fatigue et resté en arrière de la colonne.

X X x

CANONS

Ces deux Canons croisés

l'un sur l'autre forment bien exactement une X.

Y Y y

YOLE

Voyez dans le lointain
un petit bateau : c'est une
Yole; les marins qui la

montent ont rencontré leur amiral, et, en signe de salut, ils lèvent leurs avirons en l'air.

Z Z z

ZOUAVE

Quel beau Zouave! Il est
en Afrique et fait la guerre

aux Arabes; il s'élance, en croisant la baïonnette, pour punir l'ennemi qu'il combat.

— Voyez, mes enfants, comme il est agréable de savoir lire; vous avez pu voir par les petites phrases que nous avons mises à chaque lettre, l'explication de chaque personnage ou de chaque chose qui fait le sujet de nos lettres ornées; mais il ne suffit pas de savoir lire, chers enfants, il faut persévérer dans

votre application et acqué-
rir un peu de science.

— Oui, mère, dirent en-
semble Jeanne et Léon, deux
petits enfants de huit et de
sept ans, bien doux et bien
sages.

FIN.

Rouen. Imp. MÉGARD et Cie, rue Saint-Hilaire, 136.

www.ingramcontent.com/pod-product-compliance
Lightning Source LLC
LaVergne TN
LVHW021732080426
835510LV00010B/1221